Claudio Bertozzi
Pasta macht glücklich

.

La pasta non ingrassa, ma rende felici.
Pasta macht nicht dick, aber glücklich.

Impressum

© 2007 by Claudio Bertozzi und abcverlag, Heidelberg

Autor: Claudio Bertozzi (www.da-claudio.de)
Herausgeber: abcverlag (www.abcverlag.de)
Satz & Illustration Innenteil: Betty Hermann (www.ostnordost.net)
Fotografie: Thorsten Weigl (www.weigl.biz), Michael Ehrhart (www.ehrhart.de)
Druck / Bindung: abcdruck (www.abcdruck.de)
Gedruckt auf 110 g/m^2 Soporset Premium Offset, exklusiv von IGEPA group (www.igepa.de)
Koordination: Natascha Doller (www.group-ie.de)
Idee: Angela und Mark Gläser (www.group-ie.de)
2. Auflage

Inhalt

Vorwort
   Die Kunst des Nudelholzes … Seite 6-7

Fotos
   Claudio auf die Finger geschaut … Seite 8 ff.

Grundlegendes
   Den Teig einfach herstellen … Seite 24-25
   Pastasorten nach dem Grundrezept … Seite 26-27
   Die Pasta richtig kochen … Seite 28-29
   Die Pasta-Grundsaucen … Seite 30 ff.

Rezepte
   Meine Lieblings-Pastagerichte … Seite 34 ff.
   Mehr Primi Piatti … Seite 140 ff.

   Register … Seite 160

Die Kunst des Nudelholzes

Einst ernährten sich die Menschen von Körnern. Später lernten sie, das Getreide zu zermahlen, mit Wasser zu vermischen und aßen den Brei. Als sie das Feuer entdeckten, kneteten sie den Brei zu einem Teig, gaben ihm eine Form, grillten ihn und belegten ihn mit Gewürzen. So entstand das Brot eigentlich als Fladenbrot, einer Vorform der Pizza. Die erste richtige Pizza gab es im 16. Jahrhundert, als die Tomatenpflanze aus Mexiko und Peru nach Europa kam. Vor über 150 Jahren tauchte die erste Pizza Margherita in der Gegend von Neapel auf. Eine Pizza mit Tomaten und Mozarella, ganz nach dem Geschmack unserer Königin Margherita.

Im 14. Jahrhundert brachte Marco Polo eine Sensation aus China mit: die Spaghetti. In Italien kannte man damals bereits andere Nudelsorten, zum Beispiel die Maccheroni. Heute gibt es über 100 verschiedene Nudelsorten. Jede Region hat ihre eigene Art der Pastazubereitung.

Ich komme aus der Emilia Romagna. Bei uns zu Hause akzeptierte mein Vater gekaufte Nudeln höchstens einmal pro Woche. An den übrigen Tagen musste meine Mutter selbst gemachte Nudeln auftischen. Dabei waren der Fantasie keine Grenzen gesetzt. In Deutschland gibt es ein Sprichwort: »Liebe geht durch den Magen!« Die schönste Frau hatte bei uns früher nicht die geringste Chance geheiratet zu werden, wenn sie den Teig für Nudeln nicht mit dem Nudelholz ziehen konnte. Darum verbrachten die Mädchen auch von frühester Kindheit an sehr viel Zeit in der Küche bei der Mutter.

Auch heute noch spielt Pasta eine große Rolle bei uns. Nach dem normalen Frühstück zu Hause, einem Espresso oder Capuccino mit einem Gebäck oder Obst, essen wir mittags eine reichliche Portion Pasta. Am Abend bevorzugen wir Fleisch oder Fisch oder nur Gemüse und Salate. Das, was man heute Trennkost nennt, hat es in Italien immer gegeben.

Wir sind das Volk mit dem größten Pasta-Konsum. Der Durchschnittsitaliener verbraucht im Jahr ca. 28 kg Pasta, das entspricht ca. 60 g rohen Nudeln pro Tag. Dabei stehen Spaghetti an erster Stelle. Pasta in Verbindung mit einer leichten Sauce oder Gemüse ist ein gut verträgliches Gericht. Bestimmt nichts, was dick macht.

Pasta sind Gerichte, die jeder schnell zubereiten kann. Die hausgemachte Pasta aber kann ziemlich aufwändig sein. Sie verlangt Platz und Zeit. Die Traditionen des Pasta-Kochens werden von Generation zu Generation weitergegeben. Einige meiner Lieblingsrezepte möchte ich Ihnen verraten.

Claudio auf die Finger geschaut

Wer gute Nudeln macht, hat auch ein gutes Herz.

Wenn der Teig eine Weile ruhen durfte, läßt er sich wunderbar dünn ausrollen.

Die Nudelmaschine ist das glänzende Herzstück der Pasta-Herstellung.

Rotoli sind besonders lecker, wenn sie, in einer Serviette eingewickelt, gegart werden.

In jeder Pasta steckt die Liebe des Kochs. Das erzählen Tortelli mit Ricotta-Füllung (links) und Garganelli, auf dem »Kamm« gerollt (rechts).

Hausgemachte Strozzapreti gibt es heute selten, denn ihre Hertsellung ist aufwändig und bedarf viel Fingerspitzengefühls.

Crespelle sind mehr als gefüllte Pfannkuchen. Sie sind ein Gesamtkunstwerk, das auf der Zunge zergeht.

Die Chitarra lässt die Nudeln tanzen und die Saiten klingen.

Den Teig einfach herstellen

Grundrezept für 4 Personen
300 g Mehl des Typs 550
3 Eier

Wenn man in Italien »Pasta espressa« bestellt, bedeutet das: frisch zubereitet und selbstverständlich »al dente«. Das Grundrezept für frische Pasta ist denkbar einfach, und die Mühe lohnt sich allemal, wie Sie sicher feststellen werden. Meine Lieblings-Pastasorten mache ich mit Eiern.

Das Mehl auf die Arbeitsfläche häufeln, mit der Faust eine Vertiefung in die Mitte drücken und die Eier hineingeben. Frische Eier verwenden! Mit einer Gabel zunächst die Eier verquirlen und dann immer mehr vom Mehlrand einarbeiten. Schließlich den Teig von Hand gründlich durchkneten. Falls der Teig nicht ausreichend feucht ist, einen Schuss lauwarmes Wasser zufügen. In eine Folie gehüllt eine Stunde bei Zimmertemperatur ruhen lassen. (s. Fotos S. 10-11)

Dieses Rezept, wie fast alle anderen in dem Buch, beziehen sich auf 4 Personen. Die Mengenangaben für Nudeln in den Rezepten gelten für gekaufte Nudeln.

Pastasorten nach dem Grundrezept

Hier stelle ich ein paar meiner Lieblings-Pastasorten vor, die sich ganz einfach aus dem Grundrezept (300 g Mehl und 3 Eier, siehe vorangehende Seite) herstellen lassen.

Garganelli
Bei den Garganelli handelt es sich um Eiernudeln, die an Penne erinnern, jedoch quer gestreift sind.
Den Teig mit dem Nudelholz oder der Nudelmaschine nicht zu dünn ausrollen und in ca. 4 x 4 cm große Quadrate schneiden. Diese auf ein geriffeltes Holzbrettchen – den »Kamm« – legen und unter leichtem Druck mit einem Holzstift von Ecke zu Ecke aufrollen. Zum Schluss den Holzstift herausziehen.
(s. Fotos S. 17, Rezepte S. 64 ff.)

Pappardelle
Pappardelle sind gezackte Bandnudeln. In der Emilia Romagna gehören Pappardelle am Sonntag als Suppeneinlage in einer Fleischbrühe auf den Mittagstisch.
Den Teig dünn ausrollen und mit einem gezackten Rädchen ca. 1 cm breite Pappardelle schneiden. In köchelndem Salzwasser höchstens 2 Minuten kochen und anschließend abtropfen lassen. (Rezepte S. 68-69)

Cannelloni
Cannelloni sind dicke Röhrennudeln. Sie werden gefüllt und schließlich im Ofen überbacken.
Teig dünn ausrollen, in 10 x 10 cm große Quadrate schneiden und in kochendes Salzwasser geben. Nach 1-2 Minuten die Cannelloni mit einem Sieb aus dem Wasser holen und auf ein Tuch legen. Die jeweilige Füllung zu Rollen formen, die Teigstücke damit belegen und einrollen. (Rezepte S. 72 ff.)

Tortelli

Die gefüllten Pastasorten haben je nach Region unterschiedliche Formen und Namen. So gibt es beispielsweise Tortelli oder als kleinere Variante Tortellini. Außerdem gibt es Agnolotti, Cappelletti (Hütchen), Caramelle (Bonbons) oder Panzerotti.

Den Teig dünn ausrollen und mit einem gezackten Rädchen je nach Sorte in 3 x 4 cm große Stücke oder 5 x 5 cm große Quadrate schneiden. Auf diese Quadrate jeweils einen Tupfen der Füllung verteilen, die Quadrate zu Dreiecken falten und zum Schluss die Spitzen der Dreiecke zu Tortelli zusammendrücken. Ich empfehle für diese Arbeit einen Raum, in dem es nicht zieht, damit der Teig nicht austrocknet. Das Formen der Tortelli wird sonst unmöglich, denn der Teig haftet nicht mehr.
(s. Fotos S. 16, Rezepte S. 78 ff.)

Lasagne

Lasagne sind breite Nudelplatten, die als Auflauf im Ofen überbacken werden.

Den Teig mit dem Nudelholz oder der Nudelmaschine sehr dünn ausrollen und die Stücke ungefähr der Größe der Lasagneform anpassen. Die Nudelplatten vorsichtig ins kochende Salzwasser geben und ca. 2 Minuten kochen lassen, bis der Teig oben schwimmt. Anschließend die Nudelplatten mit der Schöpfkelle aus dem Wasser nehmen, in kaltem Wasser abschrecken und auf einem Tuch vorsichtig trocken tupfen.
(Rezepte S. 92 ff.)

Tagliatelle

Tagliatelle sind Bandnudeln.

Den Teig gut kneten, mit dem Nudelholz oder der Nudelmaschine dünn ausrollen, bemehlen und um das Nudelholz wickeln. Anschließend das Nudelholz rausziehen und mit dem Messer ca. 1 cm breite Tagliatelle schneiden (s. Fotos S. 18).

Die Pasta richtig kochen

Es gibt die unterschiedlichsten Philosophien über die »einzig wahre« Methode, Pasta zu kochen. Ich bin kein Freund von Grundsätzen, aber dennoch möchte ich Ihnen einige Tipps ans Herz legen:

Auf keinen Fall Öl ins Kochwasser geben! Besser ist es, beim Kochen die Nudeln immer wieder umzurühren, damit sie nicht zusammenkleben.

Die gekochte Pasta darf auch nicht mit kaltem Wasser abgeschreckt werden! Dabei spült man die Stärke weg, die für die Bindung mit der Sauce unersetzlich ist. Damit die Stärke nicht verloren geht, kocht man die Nudeln am besten sehr al dente, lässt sie abtropfen, vermengt sie in einer Kasserolle mit der Sauce und gibt noch eine Schöpfkelle vom Kochwasser hinzu. Kurz weiterrühren, bis die Flüssigkeit aufgesogen ist. Ich empfehle wenig Kochwasser, ca. 3 l Wasser für 400 g Nudeln.

Man kann auch die rohe Pasta mit ein wenig Wasser und der Sauce in einem Gefäß zum Kochen bringen. Dabei rührt man mit einem Holzlöffel wie beim Risotto, bis das Wasser vollständig verdampft ist. So kann sich der volle Geschmack der Pasta entfalten. Hierfür eignen sich am besten kurze Pastasorten, wie Penne oder Maccheroncini.

Nur mit Meersalz kochen! Meersalz ist gesünder und würziger.

Die Pasta-Grundsaucen

Die Nudelform ist eigentlich nebensächlich, denn das Wichtigste sind die Füllung und die Sauce. Es gibt verschiedene Saucen, die unbedingt zur italienischen Küche gehören. Die einfachsten Saucen bestehen aus Olivenöl mit frischem Knoblauch oder zerlassener Butter mit Salbeiblättern. Andere, wie die Bechamel- oder die Tomaten-Sauce, sind schon etwas schwieriger.

Bechamelsauce

1/2 l Milch
40 g Butter
40 g Mehl
etwas Muskatnuss
Salz

Die Milch kochen und leicht salzen. In einer Kasserolle die Butter schmelzen, Mehl dazugeben und rühren, bis das Mehl leicht angebraten ist. Die Milch unter ständigem schnellen Rühren mit dem Schneebesen nach und nach hinzufügen, anschließend vom Feuer nehmen und mit Muskatnuss würzen.

Tomatensauce

1 kleine Zwiebel
5 EL Olivenöl
500 g geschälte und passierte Tomaten
etwas Basilikum

Die Zwiebel hacken und in Öl andünsten, die Tomaten dazugeben, salzen und ca. 10 Minuten köcheln lassen. Je nach Belieben
etwas Basilikum hinzufügen.

Bolognesesauce

300 g Hackfleisch vom Rind und vom Schwein
2 Karotten
2 Stängel Staudensellerie
1 Zwiebel
etwas Muskatnuss
500 g geschälte und passierte Tomaten
4 EL Olivenöl
1 Glas trocknen Weißwein
etwas Salz

Die klein gehackte Zwiebel, den gewürfelten Sellerie und die
geschnittenen Karotten in Öl andünsten, das Fleisch dazugeben,
mit Weißwein ablöschen, Muskatnuss, passierte Tomaten und
Salz hinzufügen. Das Ganze ca. 3 Stunden köcheln lassen.

Spaghetti mit Thunfisch

350 g Spaghetti
1 Zwiebel
6 EL Olivenöl
300 g Thunfisch in Öl aus der Dose
200 g Tomaten
Peperoncino-Schote
gehackte Petersilie
etwas Salz

Die gehackte Zwiebel in Öl leicht anbraten, die geschälten
und gehackten Tomaten dazugeben und ca. 5 Minuten köcheln
lassen. Den Thunfisch mit einer Gabel zerdrücken und die restlichen Zutaten dazugeben. 1-2 Minuten kochen und mit den
al dente gekochten Spaghetti vermengen.

Spaghetti mit Rucola

350 g Spaghetti
3 Knoblauchzehen
6 EL Olivenöl
3 frische Tomaten, am besten Eiertomaten
3 Bund Rucola
etwas Salz

Knoblauch in Öl leicht bräunen, die geschälten und gehackten
Tomaten dazugeben und nicht länger als 2 Minuten garen.
Salz (kein Pfeffer!) und die grob gehackten Rucolablätter hizu-
fügen. Anschließend das Ganze mit den gekochten Spaghetti
vermengen.

Spaghetti alla Checcha

350 g Spaghetti
4 frische rote oder grünliche Eiertomaten
4 Knoblauchzehen
2 Bund Basilikum
6 EL Olivenöl
etwas Salz
etwas Pfeffer
eventuell Peperoncino-Schoten

Knoblauch hacken oder – wenn er nicht mitgegessen werden soll – nur zerdrücken, um ihn nachher leicht herausnehmen zu können. Die Tomaten kurz ins kochende Wasser legen, gleich wieder herausnehmen, schälen, in Würfel schneiden, mit dem grob geschnittenen Basilikum und den übrigen Zutaten in einer Schüssel vermischen. Fertig. Diese Sauce wird kalt über die gekochten Spaghetti gegeben.

Spaghetti Aglio-Olio-Acciughe

350 g Spaghetti
6 EL Olivenöl
4 Knoblauchzehen
6-8 in Öl eingelegte Anchovis-Filets
etwas Petersilie

Den gehackten Knoblauch in Öl leicht anbraten, die Anchovis dazugeben und mit der Gabel zerdrücken, so dass sie sich auflösen. Anschließend etwas vom kochenden Spaghetti-Wasser hinzugeben und mit den gekochten Spaghetti und der Petersilie vermengen.

Ich persönlich reichere Knoblauch gerne mit frisch gehackten Kräutern an. Bei diesem Gericht gebe ich zum Schluß frische Petersilie dazu, genauso wie bei den bekannteren Spaghetti Aglio-Olio-Peperoncino.

Spaghetti alla Chitarra

Pasta nach dem Grundrezept (s.S. 24-25)
300 g Lammfleisch
1 kleine Zwiebel
1 Karotte
1 Stängel Staudensellerie
400 g geschälte und passierte Tomaten
1 Glas Rotwein
2 Peperoncino-Schoten
geriebener Parmesankäse

Den Pasta-Grundteig herstellen, nicht zu dünn ausrollen, in ca. 10 x 10 cm große Quadrate schneiden und zu Spaghetti mit quadratischem Querschnitt verarbeiten.

Für die Sauce die Zwiebel hacken und in Öl leicht anbraten, Sellerie, Karotten und Lammfleisch in Würfel geschnitten dazugeben, ca. 5 Minuten rühren und dann die Tomaten mit dem Rotwein unterrühren. Nochmals ca. 5 Minuten rühren, mit Wasser bedecken, mit Salz und Peperoncini würzen und 2 Stunden köcheln lassen. Die Spaghetti in kochendes Salzwasser geben, ca. 2 Minuten kochen und mit der Sauce vermengen. Mit geriebenem Parmesankäse servieren.

Die »Chitarra« ist ein Gerät aus der Region der Abruzzen, das bereits im 13. Jahrhundert verwendet wurde. Es besteht aus einem mit Stahlsaiten bespannten Brett. Für die originale Zubereitung der Spaghetti alla Chitarra werden die Teigplatten einzeln über die Saiten der »Chitarra« gelegt und mit einem Nudelholz bearbeitet, so dass der Teig geschnitten wird. Durch das Zupfen der Saiten fallen die geschnittenen Spaghetti auf das Brett. (s. Fotos S. 22)

Spaghetti mit Amatricianasauce

350 g Spaghetti
1/2 Zwiebel
250 g frischer Speck oder Dörrfleisch
400 g geschälte Tomaten
4 Blätter Basilikum oder 2 Lorbeerblätter
3-4 Peperoncino-Schoten
4 EL Olivenöl

Den Speck in Streifen schneiden, mit der gehackten Zwiebel und dem Öl in eine Kasserolle geben, bräunlich anbraten, dann die anderen Zutaten dazugeben. Das Ganze ca. 10 Minuten köcheln lassen und mit den gekochten Nudeln vermengen. Zu dieser Nudelsauce bevorzugen die Römer »Bucantini«. Das sind dicke Spaghetti, die innen hohl sind. Man kann aber auch einfach dicke Spaghetti oder Penne nehmen.

Traditionell wird die Amatricianasauce eigentlich mit Schweinebacke gemacht.

Spaghetti Abruzzese

350 g Spaghetti
2 gelbe oder rote Paprika
4 Knoblauchzehen
6 Anchovis-Filets
1 EL Kapern
20 schwarze Oliven
etwas Oregano
8 EL Olivenöl
200 g geschälte und passierte Tomaten
etwas Salz

Knoblauch in Öl leicht anbraten, die klein geschnittene Paprika hinzufügen und ca. 2 Minuten rühren. Dann die restlichen Zutaten dazugeben und noch einmal ca. 10 Minuten köcheln lassen Zum Schluss die Sauce mit den gekochten Spaghetti vermengen.

Spaghetti mit getrockneten Tomaten

350 g Spaghetti
12 Stück getrocknete Tomaten
1/2 Zwiebel
4 Knoblauchzehen
4 Anchovis-Filets
8 EL Olivenöl
Peperoncino-Schote
6 Blätter Basilikum

Die Tomaten einige Stunden in lauwarmem Wasser einweichen.
Knoblauch und Zwiebeln in Öl in einer Pfanne andünsten. Die
Tomaten abtropfen lassen, in Streifen schneiden und mit den
anderen Zutaten in die Pfanne geben. 1 Minute rühren und dann
mit den gekochten Spaghetti vermengen.

Spaghetti alla Buggera

350 g nicht zu dünne Spaghetti
800 g Scampi Reali
4 Knoblauchzehen
6 EL Olivenöl
etwas Petersilie
4 gehackte Peperoncino-Schoten
500 g geschälte und passierte Tomaten
etwas Salz

Die Scheren der Scampi abziehen und in der Mitte durchschneiden. Die Köpfe entfernen und die Schwänze der Länge nach aufschneiden. Den gehackten Knoblauch in einer Kasserolle in Öl andünsten, dann alle anderen Zutaten dazugeben, auf kleiner Flamme ca. 1 Stunde köcheln lassen und zum Schluss mit den Spaghetti vermengen.

Spaghetti mit Miesmuscheln

350 g Spaghetti
1 1/2 kg Miesmuscheln
6 EL Olivenöl
2 Knoblauchzehen
etwas Petersilie

Den Miesmuscheln den Bart abziehen und danach gründlich mit Wasser waschen. Offene Muscheln aussortieren. Muscheln, die an der Oberfläche schwimmen, haben etwas vom eigenen Wasser verloren, leben aber noch und sind genießbar. Die guten Muscheln in einen Topf geben und mit geschlossenem Deckel bei starker Hitze kurz kochen, bis sie aufgehen. Muscheln aus der Schale lösen. Die gehackten Knoblauchzehen in Olivenöl leicht braten und mit dem Muschelsud zu einer Sauce vermischen, die Muscheln und etwas gehackte Petersilie dazugeben. Die Spaghetti in salzlosem Wasser al dente kochen und mit der Sauce vermischen. Anstatt der Miesmuscheln kann man auch Vongole oder die Messermuscheln Cannolicchi verwenden.

Zu Pastagerichten mit Fischsaucen wird üblicherweise in Italien kein Parmesan serviert.

Spaghetti alla Puttanesca alla Claudio

350 g Spaghetti
1/2 Zwiebel
300 g geschälte und passierte Tomaten
4 Anchovis-Filets
300 g Thunfisch in Öl
1 EL Kapern
20 schwarze Oliven
etwas Salz
etwas Pfeffer
etwas Petersilie oder Oregano
6 EL Olivenöl
2 Peperoncino-Schoten

Die gehackte Zwiebel in einer Pfanne in Öl leicht anbraten, die Tomaten dazugeben und ca. 5 Minuten köcheln lassen, dann die restlichen Zutaten hinzufügen. Den Thunfisch mit einer Gabel zerdrücken, das Ganze noch einmal ca. 5 Minuten köcheln lassen und zum Schluss mit den Spaghetti vermengen.

Die klassische Puttanesca – das heißt nach Hurenart – wird ohne Thunfisch zubereitet.

Spaghetti mit Zucchini

350 g Spaghetti
8 EL Olivenöl
4 Knoblauchzehen
2-3 Zucchini
200 g geschälte und passierte Tomaten
etwas Petersilie
etwas Salz
Pfeffer

Knoblauch in Öl leicht anbraten, die gewürfelten Zucchini dazugeben, 3 Minuten rühren, dann die restlichen Zutaten hinzufügen und das Ganze nochmals 5 Minuten garen lassen. Zum Schluss mit den Spaghetti vermengen.

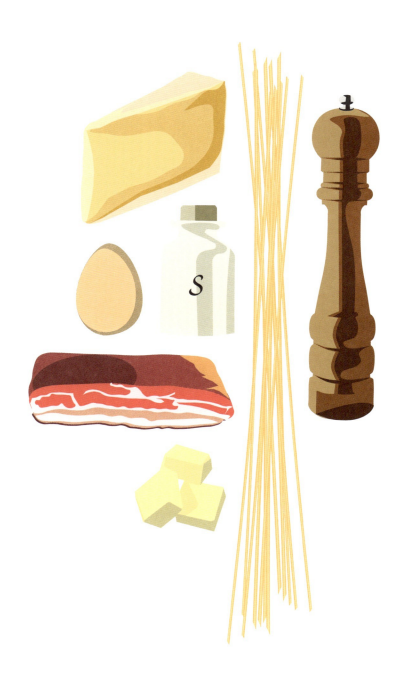

Spaghetti alla Carbonara

350 g dickere Spaghetti
180 g Dörrfleisch
100 g Butter
4 Eigelb
etwas Salz
etwas Pfeffer
80 g geriebener Parmesankäse

Das in Streifen geschnittene Dörrfleisch in einer Kasserolle in Butter knusprig braten. Die Spaghetti sehr al dente kochen und kurz unter kaltem Wasser abschrecken. Anschließend die Spaghetti mit Eigelb in die Kasserolle geben und unter ständigem Rühren wieder erwärmen, etwas salzen und pfeffern. Das Ganze auf einer Platte anrichten, mit Butter und dem Dörrfleisch belegen und mit Parmesankäse bestreuen.

Spaghetti alla Carbonara mit Sepia

350 g Spaghetti
600 g sehr frischer Tintenfisch
1/2 Zwiebel
4 EL Olivenöl
1 EL Tomatenmark
etwas Salz
etwas Pfeffer

Die Augen und den Haken zwischen den Tentakeln des Fisches entfernen und die Schale vom Körper trennen. Den Körper öffnen, die Innereien herauslösen, das lila glänzende Säckchen vorsichtig herausnehmen und erst einmal beiseite legen. Den Tintenfisch gut waschen und in Stücke schneiden. Die gehackte Zwiebel in Öl leicht anbraten, die Tintenfisch-Stückchen, das Säckchen und die restlichen Zutaten dazugeben, mit Wasser bedecken und ca. 1 Stunde köcheln lassen. Zwischendurch immer wieder rühren. So entsteht eine Sauce, die Sie durchaus auch für Risotto verwenden können. Sie wird erschreckend schwarz durch das Tintensäckchen, das aber sehr schmackhaft ist.

Mit leerem Magen kämpft es sich schlecht.

Früher hatten die Gerichte oftmals keine Namen. Wenn man in einem Gasthaus etwas zu essen bestellte, bekam man jeweils das Tagesgericht. Später wurde das Angebot reichhaltiger und die Gerichte erhielten Namen mit »alla« oder »alle«. Der Name »Carbonara« kam zustande, weil die Pasta gefärbt war wie die Gesichter der Carboneria-Revoluzzer, einer Geheimorganisation, die im frühen 19. Jahrhundert gegen die Bourbonen kämpfte. Die Mitglieder nannten sich Carbonari – Kohlenträger. Um sich untereinander zu erkennen, hatten sie sich die Gesichter mit Kohle schwarz gefärbt. Zu den Mitgliedern der Carboneria zählten Giuseppe Mazzini, der Komponist Giuseppe Verdi sowie Camillo Benso, der Graf von Cavour. Viele Plätze in Italien sind heute nach ihnen benannt. Bei einem der Treffen hatten die Carbonari die Spaghetti alla Carbonara gekocht.

Die Variante mit Sahne kommt über einen Umweg aus Amerika. Der Schauspieler und Feinschmecker Ugo Tognazzi, bekannt durch den Film »Das große Fressen«, musste einmal für 300 Gäste Spaghetti alla Carbonara kochen. Für so viele Menschen wäre die Zubereitung ausschließlich mit Eiern unmöglich gewesen. Um das Zusammenkleben der Spaghetti zu verhindern, hat er Sahne hinzugegeben.

Garganelli mit Salsicciasauce

350 g Garganelli (s.S. 26)
1 Karotte
1 Zwiebel
1 Stängel Staudensellerie
6 EL Olivenöl
200 g Salsiccia
ca. 400 g geschälte und passierte Tomaten
etwas Salz
Pfeffer

Die gehackte Zwiebel in Öl leicht anbraten. Die vom Darm
gelöste Salsiccia – das ist eine Art rohes Bratwürstchen – in kleine Stücke schneiden, zu den Zwiebeln, dem klein gewürfelten
Gemüse und den Tomaten geben, salzen und mit 1/4 l Wasser
auffüllen. Das Ganze ca. 1 Stunde köcheln lassen und anschließend mit den Garganelli vermengen.

Garganelli al Canarino

350 g Garganelli (s.S. 26)
1/2 Zwiebel
80 g Butter
1/4 l Milch
1/4 l süße Sahne
Schale einer unbehandelten Zitrone
etwas Salz
geriebener Parmesankäse

Die gehackte Zwiebel in einer Kasserolle in Butter leicht anbraten, Milch und süße Sahne dazugeben und ca. 5 Minuten aufkochen lassen. Die gelbe Schale der Zitrone in kleine Streifen schneiden und etwas Salz hinzugeben. Die sehr al dente gekochten Garganelli in die Kasserolle geben. Zum Schluss die Sauce mit den Garganelli vermengen und die Sauce soweit einkochen lassen, bis das Ganze eine homogene Masse ergibt. Mit Parmesankäse servieren.

Pappardelle alla Lepre

350 g Pappardelle (s.S. 26)
1 Zwiebel
1 Karotte
1 Stängel Staudensellerie
2 Gläser Rotwein
200 g geschälte und passierte Tomaten
1 EL Tomatenmark
6 EL Olivenöl
250 g Wildhasenfleisch
2 Lorbeerblätter
etwas Salz
Pfeffer

Die gehackte Zwiebel in Öl andünsten, zunächst das gewürfelte Gemüse, dann das ebenfalls gewürfelte Fleisch hinzufügen. Das Ganze ein paar Minuten lang rühren und mit Rotwein ablöschen. Die restlichen Zutaten dazugeben und ca. 2 Stunden köcheln lassen. Eventuell noch 2 Gläser Wasser hinzufügen. Mit den gekochten Pappardelle vermengen.

Stroh und Heu

(Nudeln für 6 Personen)
500 g Mehl
4 Eier
300 g Spinat

(Für die Sauce)
600 g geschälte und passierte Tomaten
1 Zwiebel
8 EL Olivenöl
Salz
geriebener Parmesankäse

Stroh und Heu sind gelbe und grüne Bandnudeln.

Den Spinat gut waschen, in Salzwasser blanchieren, herausnehmen, abkühlen lassen und mit den Händen das Wasser herausdrücken, anschließend fein hacken. Den ersten Teig aus einem Ei, 200 g Mehl und dem Spinat herstellen, den zweiten Teig aus dem restlichen Mehl und den restlichen Eiern. Beide Teig-sorten ausrollen und Bandnudeln daraus schneiden.

Die gehackte Zwiebel in Olivenöl leicht anbraten, die Tomaten dazugeben und salzen. Das Ganze ca. 10 Minuten köcheln lassen. Beide Nudelsorten in Salzwasser kochen, herausnehmen, abtropfen lassen und mit der Tomaten-Sauce vermengen. Mit reichlich Parmesankäse servieren. Je nach Belieben kann Stroh und Heu auch mit Bolognesesauce (s.S. 32-33) vermischt werden.

Cannelloni mit Ricotta

350 g Cannelloni (s.S. 26)

(Für die Füllung)
300 g Ricotta
100 g geriebener Parmesankäse
1 Ei
etwas Muskatnuss
etwas Zucker
etwas Salz

Bechamelsauce aus 1/2 l Milch
40 g geriebener Parmesankäse

Ricotta zerdrücken, mit dem Parmesankäse, dem Ei, etwas Muskatnuss, Zucker und Salz vermengen und zu Röllchen formen. Die Cannelloni füllen, zusammen mit der Bechamelsauce in eine Kasserolle legen, mit Parmesankäse bestreuen und bei 200 °C 10 Minuten gratinieren.

Cannelloni mit Spinat

350 g Cannelloni (s.S. 26)

(Für die Füllung)
500 g frischer Spinat
200 g Ricotta
100 g geriebener Parmesankäse
1 Ei
etwas Salz

Tomatensauce aus 250 g Tomaten (s.S. 32-33)
Bechamelsauce aus 1/2 l Milch (s.S. 30-31)
40 g geriebener Parmesankäse

Den frischen Spinat gut waschen, in leicht gesalzenem Wasser blanchieren, abtropfen und abkühlen lassen. Mit den Händen das Wasser etwas herausdrücken und anschließend fein hacken. Ricotta zerdrücken, mit dem Parmesankäse, dem Ei und etwas Salz vermengen und mit dieser Masse die Cannelloni füllen. Die Bechamelsauce mit der Tomatensauce vermischen, zusammen mit den Cannelloni in eine feuerfeste Form geben und mit Parmesankäse bestreuen. Anschließend bei 200 °C 10 Minuten gratinieren.

Cannelloni mit Hackfleisch

350 g Cannelloni (s. S. 26)

(Für die Füllung)
300 g Hackfleisch vom Kalb oder Schwein
1/2 Zwiebel
4 EL Olivenöl
1 Ei
etwas Salz
einige Basilikumblätter
etwas Muskatnuss

Bechamelsauce aus 1/2 l Milch (s. S. 30-31)
2 geschälte und gewürfelte Tomaten
80 g geriebener Parmesankäse

Für die Füllung die gehackte Zwiebel und das Fleisch in Öl leicht anbraten, kurz abkühlen lassen, salzen, pfeffern und – abgesehen von den Tomaten – mit allen übrigen Zutaten vermengen. Die Cannelloni füllen. Die Hälfte der Bechamelsauce in eine feuerfeste Form geben, die Cannelloni hineinlegen, mit der restlichen Bechamelsauce bedecken, die Tomaten darüber verteilen, mit Parmesan bestreuen und im Backofen bei 200 °C 10 Minuten gratinieren.

Tortelli dell' amore

350 g Tortelli (s.S. 27)

Ricotta-Füllung (s. Rezept S. 72-73)

60 g Butter
2 TL blauer Mohn
20 Blätter Minze
geriebener Parmesankäse

Die Tortelli herstellen (s. Fotos S. 16). Die Butter in einer Kasserolle schmelzen, Mohn und Minze dazugeben. Die gefüllten Tortelli kochen und mit Butter, Mohn und Minze vermischen. Dazu reichlich Parmesankäse servieren.

Tortelli mit Fleischfüllung

350 g Tortelli (s.S. 27)

(Für die Füllung)
150 g Fleisch
1 kleine Zwiebel
60 g geriebener Parmesankäse
1 Ei
etwas Muskatnuss
etwas Olivenöl
etwas Salz

Oftmals streiten sich die Gemüter, ob die Füllung mit Kalbfleisch, Schinken oder Hühnerfleisch zubereitet werden sollte. Es ist jedem selbst überlassen! Man kann sich einfach danach richten, was gerade vorrätig ist. Auch die Gewürze kann man beliebig wählen. Meiner Meinung nach ist das Bratenfleisch vom Vortag die beste Füllung.

Das Fleisch hacken, dann mit gehackten Zwiebeln in der Pfanne in Öl anbraten, abkühlen lassen und mit den übrigen Zutaten vermengen. Die Teigtaschen mit der Masse füllen und kochen.

Ich vermenge die Tortelli gerne mit Bechamel-, Tomaten- oder Bolognesesauce. In Bologna nennt man diese Variante »Tortelli al pasticcio«.

Rotoli in Bechamelsauce

(Für die Rotoli)
300 g Mehl
3 Eier

Füllung nach Belieben
(s.S. 74-75, 76-77, 80-81 oder 90-91)

(Für die Sauce)
Bechamelsauce aus 1/2 l Milch (s.S. 30-31)
Tomatensauce (s.S. 32-33)
geriebener Parmesankäse

Rotoli nennt man gefüllte Nudeln, die in einer sehr eigenen Art gekocht werden.

Aus Eiern und Mehl den Pasta-Grundteig herstellen, dünn ausrollen und in ca. 20 x 40 cm große Rechtecke schneiden.

Die Füllung überlasse ich Ihrer Fantasie. Die Käse-, Gemüse- oder Fleischfüllung in die Teigplatten einrollen. Anschließend die gefüllten Rollen in eine Serviette einwickeln, diese an beiden Seiten mit einer Kordel zubinden und in kochendem Salzwasser ca. 15 Minuten garen (s. Fotos S. 14-15). Die Rotoli herausnehmen, mit kaltem Wasser abkühlen, aus der Serviette nehmen und in ca. 2 cm dicke Scheiben schneiden.

Den Boden einer feuerfesten Form mit etwas Bechamelsauce oder nur mit Butter ausstreichen, die Rotoli hineinlegen und mit Bechamelsauce bedecken. Je nach Belieben mit Tomatensauce und geriebenem Parmesankäse bestreuen. Bei 220 °C im Backofen ca. 8 Minuten gratinieren.

Crespelle

150 g Mehl
3 Eier
1/2 l Milch
etwas Salz

Crespelle sind eine italienische Variante von gefüllten Crêpes.

Mehl und Eier in einer Schüssel mit dem Handrührgerät
ca. 1 Minute rühren, dann langsam die gesalzene Milch hinzufügen. Aus diesem Teig können ca. 8 Crespelle wie Crêpes in der
beschichteten Pfanne hergestellt werden. Die Crespelle nach
dem Backen auf den Arbeitstisch legen, zur Hälfte belegen und
dann zwei Mal zusammenfalten, so dass ein Dreieck entsteht.

Crespelle mit Ricotta

8 Crespelle (s. S. 84-85)

(Für die Füllung)
250 g Ricotta oder magerer Frischkäse
1 Ei
80 g geriebener Parmesankäse
etwas Salz
etwas Zucker
etwas Muskatnuss

50 g Butter
Tomatensauce aus 250 g Tomaten
geriebener Parmesankäse

Crespelle backen und auf den Arbeitstisch legen. Ricotta oder mageren Frischkäse zerdrücken, mit Parmesankäse, etwas Salz, etwas Zucker, dem Ei und etwas Muskatnuss vermischen. Mit dieser Masse die Crespelle füllen. Eine feuerfeste Form mit Butter ausstreichen, die Crespelle mit der Spitze nach oben legen, die Tomatensauce darauf verteilen, mit etwas Parmesankäse bestreuen und ca. 8 Minuten bei 200 °C im Backofen gratinieren. (s. Fotos S. 20-21)

Crespelle mit Spargel

8 Crespelle (s.S. 84-85)
80 g Butter
16 Spargelstangen
200 g Tomaten
60 g Parmesan

Crespelle backen und auf den Arbeitstisch legen. Den Spargel
schälen und in Salzwasser kochen. 2 Spargel auf jede Crespelle
legen und einwickeln. Eine feuerfeste Form mit Butter ausstreichen, die Crespelle hineinlegen, mit Tomatensauce aus
geschälten Tomaten bestreichen und Parmesankäse darüber-
geben. Bei 220 °C im Backofen ca. 8 Minuten gratinieren.

Fazzoletti della Nonna

(Für den Teig)
3 Eier
1/2 l Milch
4 EL Mehl

(Für die Füllung)
kleine Zwiebel
200 g Steinpilze oder Champignons
Bechamelsauce aus 1/4 l Milch (s.S. 30-31)
40 g Butter
etwas Salz
etwas Petersilie

8 EL Tomatensauce
50 g geriebener Parmesankäse

Aus den Eiern, der Milch, etwas Salz und Mehl 8 Crêpes backen.
Die gehackte Zwiebel in der Butter leicht anbraten. Die Steinpilze nicht zu fein gehackt darin schwenken, leicht salzen und
etwas gehackte Petersilie dazugeben. Eine Bechamelsauce zubereiten und die Pilze untermischen. Die Crêpes auslegen, zur
Hälfte damit füllen und zwei Mal zusammenklappen. Eine feuerfeste Form mit Butter ausstreichen und die Fazzoletti hineinlegen. Je mit 1 Esslöffel Tomatensauce bestreichen, mit Parmesankäse bestreuen und bei 220 °C im Backofen ca. 8 Minuten
gratinieren.

Lasagne Bolognese

Lasagneplatten (s. S. 27)
300 g Hackfleisch vom Rind und vom Schwein
2 Karotten
2 Stängel Staudensellerie
1 Zwiebel
etwas Muskatnuss
500 g geschälte und passierte Tomaten
1 EL Tomatenmark
4 EL Olivenöl
1 Glas trockener Weißwein
etwas Salz
100 g geriebener Parmesankäse
Bechamelsauce (s. S. 30-31)

Für die Bolognesesauce die klein gehackte Zwiebel und das gewürfelte Gemüse in Öl andünsten, das Fleisch dazugeben, mit Weißwein ablöschen, Muskatnuss, passierte Tomaten, Tomatenmark und Salz dazufügen. Das Ganze ca. 3 Stunden köcheln lassen.

Die Lasagne-Form erst mit einer Schicht Bechamelsauce am Boden auskleiden. Darauf kommt die erste Lasagneplatte, dann eine Schicht mit Bolognesesauce und etwas Parmesankäse, dann wieder Lasagneplatte, Bechamelsauce, Lasagneplatte, Bolognesesauce und so weiter. Über die letzte Schicht der Bechamelsauce ein paar Flecken Bolognesesauce geben und darüber etwas Parmesan streuen. Die Lasagne einige Stunden ziehen lassen. In Portionen schneiden, bevor sie zum Überbacken in den Backofen geschoben wird. Bei 220 °C ca. 10 Minuten überbacken.

Lasagne al Pesto

Lasagneplatten (s. S. 27)
2 Bund Basilikum
2 EL fein gehackte Pinienkerne
80 g geriebener Parmesankäse
6 EL Olivenöl
1-2 fein gehackte Knoblauchzehen
etwas Salz
Bechamelsauce aus 1 l Milch

Für das Pesto gehacktes Basilikum, die fein gehackten Pinien-kerne, Parmesankäse, Olivenöl, etwas Salz in einen Mörser geben und zerdrücken. Pesto mit Bechamelsauce vermengen und in einer feuerfesten Form schichtweise Lasagneplatten, Pesto und Bechamelsauce geben. Zum Schluss noch mit etwas Parmesankäse bestreuen und ca. 2 Stunden ziehen lassen. In Portionen schneiden und ungefähr 15 Minuten bei 200 °C überbacken.

Pesto mit Knoblauch gehört zu den Trenette Nudeln, einer klassischen Spezialität aus Ligurien.

Tagliatelle mit Hummer

350 g Tagliatelle (s.S. 27)
1 kg Hummer
1/2 Zwiebel
80 g Butter
1/2 l Milch
etwas Salz
Pfeffer

Den Hummer in Salzwasser ca. 20 Minuten kochen, abkühlen lassen, die Beine abtrennen, das Fleisch vom Körper und den Scheren ablösen und in kleine mundgerechte Stücke schneiden. Die gehackte Zwiebel in Butter anschwitzen. Die restlichen Zutaten hinzufügen, ca. 8-10 Minuten kochen lassen und mit den gekochten Tagliatelle vermengen.

Wie viele Rezepte ist auch dieses aus einem Zufall entstanden. Es ist in Italien üblich, dass die Familien mittags Nudeln essen. So ist es auch bei mir zu Hause. Als ich einmal den Kühlschrank öffnete, fand ich nur einen Hummer, der gegessen werden musste. Die restlichen Zutaten waren vorhanden, nur die Sahne fehlte. Zunächst habe mich geärgert, weil ich auf Milch zurückgreifen musste. Im Nachhinein habe ich gemerkt, dass das Rezept mit Milch viel besser schmeckt.

Tagliatelle mit Hühnerherzensauce

350 g Tagliatelle (s.S. 27)
1/2 Zwiebel
1 EL Tomatenmark oder 300 g passierte Tomaten
1 Karotte
1 Stängel Staudensellerie
250 g halbierte Hühnerherzen
6 EL Olivenöl
etwas Salz
Pfeffer
geriebener Parmesankäse
etwas Muskatnuss
etwas gemahlener Zimt
geriebene Schale einer unbehandelten Zitrone

In einer Kasserolle die gehackte Zwiebel in Öl leicht anbraten und die Hühnerherzen dazugeben. Tomatenmark oder passierte Tomaten mit 4 Gläsern Wasser verdünnen, das Gemüse würfeln und mit den restlichen Zutaten in die Kasserolle geben. Das Ganze ca. 40 Minuten auf kleiner Flamme garen, mit den gekochten Tagliatelle vermengen und mit reichlich Parmesankäse servieren.

Tagliatelle mit Kaninchenleber

350 g Tagliatelle (s.S. 27)
300 g Kaninchenleber
80 g Butter
12 Blätter Salbei
etwas Salz
Pfeffer
1 Schuss Cognac

Die gewaschene und in Stücke geschnittene Leber in einer Pfanne ca. 2 Minuten in Butter schwenken, mit Cognac ablöschen, dann salzen und pfeffern und mit Salbei würzen. Die Sauce mit den Tagliatelle vermengen. Eventuell mit wenig Parmesankäse servieren.

Tagliatelle mit Krabbensauce

350 g Tagliatelle (s.S. 27)
250 g Krabben
1/2 Zwiebel
6 EL Olivenöl
1 Staudensellerie
4 Karotten
300 g geschälte und passierte Tomaten
etwas Muskatnuss
Schale einer unbehandelten Zitrone
etwas Salz

Tagliatelle mit Krabbensauce ist eines meiner »pasti preferiti«.

Die gehackte Zwiebel in Olivenöl anbraten. Das gewürfelte Gemüse, die Tomaten und die Krabben dazugeben, mit etwas Muskatnuss, der abgeriebenen Schale einer Zitrone und Salz würzen. Die Sauce ca. 20 Minuten garen und mit Tagliatelle al dente servieren.

Tagliatelle mit Erbsen

350 g Tagliatelle (s.S. 27)
1/2 Zwiebel
1 EL Tomatenmark
250 g Erbsen
Salz
6 EL Olivenöl
geriebener Parmesankäse

Die gehackte Zwiebel in Olivenöl leicht anbraten und Tomaten-
mark dazugeben. Wenn Sie gefrorene Erbsen verwenden, 2 Glas
Wasser hinzufügen und ca. 10 Minuten garen lassen. Wenn Sie
Erbsen aus dem Glas verwenden, das Erbsenwasser hinzugeben
und nur 2 Minuten garen lassen. Zum Schluss salzen, mit den
Tagliatelle und dem Parmesankäse vermengen.

Tagliatelle mit Entensauce

350 g Tagliatelle (s.S. 27)
1/2 entbeinte Ente oder 2 Entenbrüste
1/2 Zwiebel
1 Karotte
1 Stängel Staudensellerie
4 EL Olivenöl
1 Glas Weißwein
Salz
Pfeffer
1 EL Tomatenmark
1/2 l Wasser

Die gehackte Zwiebel in einer Kasserolle mit Öl leicht anbraten. Dann das gewürfelte Entenfleisch und das ebenfalls gewürfelte Gemüse dazugeben und ca. 5 Minuten rühren. Anschließend das Tomatenmark hinzufügen und nochmals 2 Minuten rühren. Mit Wein ablöschen, mit Wasser begießen, salzen, pfeffern und 40 Minuten auf kleiner Flamme garen lassen. Zum Schluss mit den Tagliatelle vermischen.

Tagliatelle mit Spargelsauce

350 g Tagliatelle (s.S. 27)
600 g in Stücke geschnittener Spargel
1/2 Zwiebel
6 EL Olivenöl
1 EL Tomatenmark
etwas Salz
Pfeffer
geriebener Parmesankäse

Die gehackte Zwiebel in Olivenöl anbraten, Tomatenmark und die klein geschnittenen Spargelstücke dazugeben, mit Wasser bedecken, salzen und pfeffern und ca. 15 Minuten kochen lassen. Mit den Tagliatelle vermengen und mit reichlich Parmesankäse servieren.

Mein Vater hatte im Frühsommer auf seinem Spargelfeld jeden Morgen Spargel gestochen. Er konnte aber nur die dicken Spargelstangen verkaufen. So ließ sich meine Mutter mit den dünneren immer etwas Neues einfallen. Ich freute mich jedes Mal, wenn es Tagliatelle mit Spargelsauce gab. Die Sauce schmeckt auch mit Spargelspitzen.

Tagliatelle mit Spinatsauce

350 g Tagliatelle (s.S. 27)
1 kg Spinat
1/2 Zwiebel
8 EL Olivenöl
1 EL Tomatenmark
etwas Salz
geriebener Parmesankäse

Den Spinat gut waschen und grob schneiden. Die gehackte
Zwiebel in Olivenöl leicht anbraten, Tomatenmark unterrühren,
Spinat und Salz dazugeben. Auf kleiner Flamme ca. 2 Minuten
rühren. Wenn der Spinat sein Wasser abgegeben hat, auf großer
Flamme erhitzen, bis das Wasser verdampft ist. Mit der Pasta
vermengen und mit Parmesankäse servieren.

*Anstelle von Tagliatelle verwende ich auch gerne Rigatoni für
dieses Gericht.*

Tagliatelle mit Karotten

350 g Tagliatelle (s.S. 27)
1/2 Zwiebel
6 EL Olivenöl
1 Stängel Staudensellerie
4 Karotten
300 g geschälte und passierte Tomaten
etwas Muskatnuss
geriebene Schale einer unbehandelten Zitrone
etwas Salz
geriebener Parmesankäse

Die gehackte Zwiebel in Olivenöl anbraten. Das gewürfelte Gemüse und die Tomaten hinzufügen, mit etwas Muskatnuss, der abgeriebenen Zitronenschale und Salz würzen. Das Ganze ca. 20 Minuten köcheln lassen. Mit den Tagliatelli vermengen und mit reichlich Parmesankäse servieren.

In meiner Region ist die hausgemachte Pasta die Visitenkarte eines guten Restaurants. Alle Tagliatelle-Rezepte passen auch zu beliebigen anderen Nudelsorten.

Maccheroni pasticciati

400 g Maccheroni
geriebener Parmesankäse
Bechamelsauce (s.S. 30-31)
Bolognesesauce (s.S. 32-33)

Die Maccheroni in Salzwasser geben und nicht zu sehr al dente kochen, mit Bechamel- und Bolognesesauce gut vermengen, in eine feuerfeste Form geben, mit geriebenem Parmesankäse bestreuen und bei 200 °C ca. 15 Minuten überbacken.

Maccheroncini mit Spinat

350 g Maccheroncini
800 g frischer Spinat
6 EL Olivenöl
6 Knoblauchzehen
3-4 Peperoncino-Schoten
etwas Salz

Maccheroncini in Salzwasser sehr al dente kochen und den gut gewaschenen und grob gehackten Spinat dazugeben. Sobald das Wasser wieder zu kochen beginnt, die Nudeln und den Spinat herausnehmen und abtropfen lassen. Inzwischen den Knoblauch hacken oder schneiden und in Öl in einer Kasserolle leicht bräunen. Die gehackten Peperoncini mit etwas Salz dazugeben, mit den Nudeln und dem Spinat vermengen.

Orecchiette mit Brokkoli

350 g Orecchiette
800 g Brokkoli
4 Knoblauchzehen
8 EL Olivenöl
etwas Salz
4 gehackte Peperoncino-Schoten
4-6 Anchovis-Filets, je nach Gusto

Die Orecchiette – auf deutsch »Öhrchen« – in kochendes Salzwasser geben und den in halbierte oder geviertelte Röschen geteilten Brokkoli nach 7-8 Minuten dazugeben. Die Orecchiette haben eine Garzeit von ca. 15 Minuten, sodass Pasta und Gemüse zur gleichen Zeit al dente gar sind. Inzwischen in einer Kasserolle den gehackten Knoblauch mit dem Öl leicht braun dünsten, etwas Salz, die Peperoncini und die Anchovis-Filets dazugeben. Die Orecchiette mit dem Brokkoli abtropfen lassen, mit dem Knoblauch und den Peperoncini vermengen. Keinen Käse dazu servieren.

Penne all'Arrabbiata

350 g Penne
8 EL Olivenöl
4 Knoblauchzehen
500 g geschälte und passierte Tomaten
frische Petersilie
4-5 Peperoncino-Schoten
etwas Salz

Knoblauch hacken oder schneiden und im Öl leicht bräunen,
die Tomaten passieren oder klein gewürfelt hinzufügen.
10 Minuten garen lassen, dann salzen, die gehackte Peperoncini und zum Schluss die fein gehackte Petersilie dazugeben.
Penne al dente kochen und mit der Sauce vermengen. Meine
Empfehlung: Kein Parmesankäse dazu!

Penne mit Auberginen

350 g Penne
2 Auberginen
3 Knoblauchzehen
300 g geschälte Tomaten
6 EL Olivenöl
etwas Salz
2 Peperoncino-Schoten
10 Blätter Basilikum

Die Stiele der Auberginen entfernen und die Auberginen in kleine Würfel schneiden. Den Knoblauch in einer Pfanne in Öl leicht anbraten, die Auberginen dazugeben und kurz rühren Dann die gehackten Tomaten, die Basilikumblätter, etwas Salz und die gehackten Peperoncino-Schoten hinzufügen, ca. 8 Minuten garen und mit den al dente gekochten Penne vermengen.

Rigatoni mit Blumenkohl

350 g Rigatoni
1 kleiner Blumenkohl
4 Knoblauchzehen
8 EL Olivenöl
2 Peperoncino-Schoten
1 Handvoll Paniermehl
6-8 Anchovis-Filets, je nach Gusto

Den Blumenkohl in mundgerechte Röschen teilen oder vierteln. Den gehackten Knoblauch in Öl leicht anbraten, die Peperoncini dazugeben. Die Rigatoni in Salzwasser kochen und nach ca. 5 Minuten den Blumenkohl mit ins Wasser geben. Inzwischen Knoblauch hacken, in Öl leicht anbraten, die Anchovis dazugeben, kurz rühren, bis die Anchovis sich aufgelöst haben. Die Pasta und den Blumenkohl abtropfen lassen, mit Sauce und Paniermehl vermengen. Ich empfehle, auf Parmesankäse zu verzichten.

Taglierini mit Butter & Parmaschinken

350 g Taglierini (s.S. 27 wie Tagliatelle)
150 g Parmaschinken
80 g Butter
geriebener Parmesankäse

Den nicht zu dünn geschnittenen Parmaschinken in Streifen schneiden und in einer Pfanne mit der Butter ganz leicht anbraten. Die Taglierini in kochendes Salzwasser geben. Sobald sie an der Oberfläche schwimmen, herausnehmen, zu dem Parmaschinken in die Pfanne geben, kurz schwenken und mit reichlich Parmesankäse servieren.

Taglierini sind ganz schmale Tagliatelle. Für hausgemachte Taglierini empfiehlt es sich, den Teig nicht zu dünn auszurollen.

Taglierini mit Gemüsesauce

350 g Taglierini (s.S. 27 wie Tagliatelle)
1/2 Zwiebel
2 Karotten
2 Stängel Staudensellerie
200 g Erbsen
etwas Petersilie
200 g geschälte und passierte Tomaten
6 EL Olivenöl
1 EL Tomatenmark
geriebener Parmesankäse

Zwiebeln in Öl anbraten, das gewürfelte Gemüse dazugeben und ca. 3 Minuten unter Rühren andünsten. Die Tomaten und das Tomatenmark dazugeben, salzen und ca. 30 Minuten auf schwacher Flamme köcheln lassen. Eventuell etwas Wasser hinzufügen. Die Taglierini in kochendes Salzwasser geben. Sobald sie an der Oberfläche schwimmen, herausnehmen und in die Pfanne zu der Gemüsesauce geben, kurz schwenken und mit reichlich Parmesankäse servieren.

Taglierini mit Trüffeln

350 g Taglierini (s.S. 27 wie Tagliatelle)
2 l Fleischbouillon
80 g Butter
40-50 g Trüffel

Taglierini in Fleischbouillon al dente kochen, in der zerlassenen Butter schwenken und die Trüffel darüberhobeln.

Farfalle mit getrockneten Steinpilzen

350 g Farfalle
80 g getrocknete Steinpilze
60 g Butter
1/2 Zwiebel
2 Tomaten
1/4 l süße Sahne

Die getrockneten Steinpilze in lauwarmem Wasser ca. 1 Stunde einweichen. In eine Kasserolle Butter und die gehackte Zwiebel geben und leicht anbraten. Tomaten schälen, grob schneiden, dazugeben und 3 Minuten köcheln lassen. Zum Schluss die süße Sahne und die Pilze mit dem Pilzwasser hinzufügen, kurz rühren, salzen und ca. 5 Minuten kochen. Farfalle – das sind Schmetterlingsnudeln – al dente kochen und mit der Sauce vermengen.

Linguine mit Mortadellasauce

350 g Linguine
1/2 Zwiebel
2 Karotten
1 Stängel Staudensellerie
250 g Mortadella
4 EL Olivenöl
etwas Salz
etwas Muskatnuss
etwas gemahlener Zimt
etwas abgeriebene Zitronenschale
2 EL Tomatenmark
geriebener Parmesankäse

Die gehackten Zwiebeln, gewürfelten Karotten und Sellerie in
Öl anschwitzen, die klein gewürfelte Mortadella und die restlichen Zutaten dazugeben und mit 2 Gläsern Wasser auffüllen.
Das Ganze ca. 10 Minuten garen lassen. Linguine – auf deutsch
»kleine Zungen« – in Salzwasser al dente kochen, abtropfen
lassen, mit der Sauce vermengen und mit reichlich Parmesan
servieren.

Strozzapreti

(Für den Teig)
400 g Mehl des Typs 405
Wasser

Tomatensauce (s.S. 32-33)
geriebener Parmesankäse

Mehl mit Wasser vermischen, zu einem festen Teig kneten und
nicht zu dünn ausrollen. Gut mit Mehl bestreuen, denn der Teig
wird nun mit dem Nudelholz aufgerollt. Danach das Nudelholz
vorsichtig herausziehen! Aus dieser Teigrolle werden jetzt ca.
1 cm breite Nudeln geschnitten. Um die typisch schraubenähn-
liche Form zu erhalten, werden die Bandnudeln mit der Spitze
zwischen den Handflächen gerollt und auf ungefähr eine Hand-
länge abgetrennt. Die fertigen Strozzapreti in kochendes Salzwasser geben. Sobald sie an der Oberfläche schwimmen, herausnehmen, abtropfen lassen und mit Tomaten- oder einer Fleisch-
sauce vermengen. Reichlich Parmesankäse darüber streuen.
(s. Fotos S. 18-19)

»Bleiben Sie doch zum Essen, Don Camillo!«

Im Mittelalter besaß der Klerus große Macht und Wohlstand, was er gern ausgenützt hat, um zu einer reich gedeckten Tafel zu kommen. Wenn damals eine arme Familie z.B. anlässlich eines Todesfalls eine Messe zelebrieren ließ, konnte sie den Pfarrer meistens nicht mit Geld bezahlen. Deshalb lud sie ihn als Ausgleich zum Essen ein. Ungeachtet der armen Verhältnisse der Familien schlugen sich die Priester gern die Bäuche voll.

In weiser Voraussicht kochten die Hausfrauen eine Nudelsorte, die dazu bestimmt war, den Pfarrer zu »stopfen«. Das genau sagt der Name dieser Nudel: Strozzapreti – Priesterwürger. Der Strozzapreti-Teig besteht aus Wasser und dem Mehl des Typs 405. Diese Nudelsorte hat einen Saucen bindenden Charakter und ist deshalb sehr schmackhaft. Der Pfarrer langte also mehrmals zu, bis ihm die Gier nach diesem Gericht vergangen war. Wenn man zu viel Strozzapreti isst, blähen sie sich im Magen auf. Genau das Richtige für die nimmersatten Priester, denn jetzt konnten die übrigen Gänge gerecht auf die anderen Gäste verteilt werden.

Pizzoccheri

(Für die Pizzoccheri)
250 g Mehl
250 g Buchweizenmehl
3 Eier
etwas Milch

(Für das Gemüse)
1 kleiner Mangold oder Wirsing
4 Kartoffeln
3 Knoblauchzehen
80 g Butter
8 Salbeiblätter
etwas Salz
geriebener Parmesankäse

Den Teig aus Mehl, Eiern und Milch herstellen, nicht zu dünn ausrollen und wie breite Bandnudeln schneiden. Die Kartoffeln schälen und in Würfel schneiden. Mangold waschen und grob schneiden. Die Kartoffeln in einen Topf mit kochendem Salzwasser geben und nach ca. 2 Minuten den Mangold dazugeben. Nach weiteren 2 Minuten die Pizzoccheri 2 Minuten lang mitkochen. Inzwischen in einer Pfanne Knoblauch mit Butter leicht bräunlich werden lassen, Salbei, die abgetropften Nudeln und das Gemüse dazugeben und mit Parmesankäse servieren.

Pizzoccheri ist eine klassische Spezialität des Valtellina in der Nordlombardei.

Gnocchi

1 kg mehlige Kartoffeln
250 g Mehl
1 Ei
etwas Salz
etwas Muskatnuss

Gnocchi sind kleine Klöße, die aus Kartoffeln und Mehl hergestellt (»gnocchi di patate«) und in heißem Salzwasser gegart werden.

Die Kartoffeln schälen, in Salzwasser kochen, abkühlen lassen, durch die Kartoffelpresse drücken und mit den anderen Zutaten vermengen. Aus dieser Masse Kugeln formen. Die Kugeln in ca. 1 cm dicke Stangen rollen. Aus diesen Kartoffel-Rollen ca. 1 cm dicke Stücke schneiden und dann mit dem Finger oder einer Gabel leicht eindrücken, so dass eine kleine Vertiefung entsteht. Gnocchi ins kochende Salzwasser geben. Wenn die Gnocchi an der Oberfläche schwimmen, sind sie gar. Einfach abschöpfen und mit beliebiger Sauce vermengen. Zum Beispiel mit Tomatensauce, Butter und Salbei oder Gorgonzolasauce servieren. Alle Gnocchi-Gerichte mit reichlich Parmesankäse servieren.

Es gibt noch viele andere Gnocchisorten. Drei davon möchte ich vorstellen.

Ricotta-Gnocchi

150 g Ricotta
80 g geriebener Parmesankäse
1 Ei
1 Eigelb
100 g Mehl
etwas Salz
etwas Muskatnuss
etwas Zucker

Die Zutaten vermengen und zu einem homogenen Teig kneten.
Aus der Masse Kugeln formen, diese Kugeln zu ca. 1 cm dicken
Rollen formen, dann in ca. 1 cm breite Stücke schneiden und
und wie zuvor beschrieben weiterverarbeiten. (s. S. 142-143)

Spinat-Gnocchi

150 g frischer Ricotta
50 g fein gehackte Walnüsse
50 g Paniermehl in einem Glas Milch eingeweicht
150 g Mehl
2 Eier
200 g Spinat
100 g geriebener Parmesankäse
Muskatnuss
etwas Salz
etwas Zucker

Den Spinat gut waschen, in kochendem Salzwasser blanchieren, abtropfen lassen, abkühlen, mit den Händen das Wasser ausdrücken und anschließend fein hacken. Mit dem Spinat und den restlichen Zutaten einen Teig herstellen. Eine Probe-Gnocchi formen und ins kochende Salzwasser geben. Wenn die Gnocchi ganz bleibt, ist der Teig fest genug. Falls sie zerfallen sollte, noch etwas Mehl in den Teig einkneten. Den Teig in 4-5 Kugeln aufteilen. Jede Kugel zu einer Rolle von ca. 1 cm Durchmesser formen und dann in 1 cm breite Gnocchi schneiden. Die Gnocchi in kochendes Salzwasser geben und ca. 2 Minuten kochen.

Brennnessel-Gnocchi

400 g Ricotta
200 g Mehl
3 Eier
100 g geriebener Parmesankäse
100 g Brennnesselblätter
etwas Salz
Zucker

Brennnesselblätter waschen, in kochendem Wasser kurz blanchieren, herausnehmen, abkühlen lassen, das Wasser mit den Händen herausdrücken und fein hacken. Aus allen Zutaten einen Teig für die Gnocchi herstellen und wie zuvor beschrieben weiterverarbeiten. (s.S. 142-143)

Gnocchi mit Gorgonzolasauce

Gnocchi (s.S. 138-139)
50 g Butter
1/2 Zwiebel
200 g Gorgonzola
1/4 l süße Sahne
ein Schuss Milch
etwas Salz

Die gehackte Zwiebel in Butter anschwitzen, Gorgonzola in kleine Stücke schneiden und mit den restlichen Zutaten hinzugeben. Ca. 5 Minuten kochen lassen und mit den Gnocchi vermischen.

Butter-Risotto

350 g Risottoreis
1/2 Zwiebel
80 g Butter
1/2 l Fleischbouillon
geriebener Parmesankäse

Die fein gehackte Zwiebel in Butter leicht bräunen, den Reis dazugeben und unter ständigem Rühren nach und nach die Bouillon dazugießen, bis der Reis gar ist.

Die Garzeit von Risotto dauert in der Regel 15-20 Minuten. Nach ca. 10 Minuten das gewünschte Gemüse oder die Sauce dazugeben. Nicht vergessen: pro Portion 1 EL geriebenen Parmesankäse zum Schluss hinzufügen.

Hierzu empfehle ich entweder Vialone- oder Arborio-Reis.

Butter-Risotto mit Fischsauce

Butter-Risotto (s.S. 152-153)
1/2 Zwiebel
6 EL Olivenöl
2 Tomaten, je nach Gusto
Fisch, Muscheln oder Meeresfrüchte, je nach Wahl
etwas Salz
etwas Pfeffer
etwas Petersilie

Die gehackte Zwiebel mit Olivenöl in einer Kasserolle leicht anbraten und die geschälten und gewürfelten Tomaten hinzufügen. Nach 5 Minuten den Fisch und etwas Wasser dazugeben – falls Muscheln, dann auch den eigenen Sud verwenden – und ca. 30 Minuten kochen lassen. Die restlichen Zutaten mit Salz, Pfeffer und gehackter Petersilie abschmecken. Selbstverständlich kann diese Sauce auch für Spaghetti verwendet werden.

Noch eine Variante: Stellen Sie Ihren eigenen Fischfond her! Fragen Sie im Fischgeschäft nach Fischkarkassen, geben Sie diese in einen Topf mit Suppengrün und Wasser und lassen das Ganze auf kleinster Flamme lange kochen.

Risotto mit Wachteln

Butter-Risotto (s.S. 148-149)
4 Wachteln
4 Scheiben luftgetr. Schweinebauch oder Parmaschinken
4 kleine Rosmarinzweige
4 EL Olivenöl
40 g Butter
2 Gläser trockener Weißwein

Die Wachteln mit je einer Scheibe Schweinebauch oder Parma-schinken und dem Rosmarinzweig umwickeln. Die Wachteln in eine Kasserolle mit Olivenöl geben, ca. 5 Minuten auf allen Seiten anbraten, Butter dazugeben und nach kurzem Braten mit dem trockenen Weißwein begießen und ein wenig salzen. Die Kasserolle mit einem Deckel schließen und das Ganze auf kleiner Flamme ca. 15 Minuten ziehen lassen. Das Butter-Risotto zube-reiten und auf 4 Tellern anrichten. Auf jeden Teller eine Wachtel legen und mit etwas Sud begießen.

Risotto gehört zu den »Primi Piatti«. Auch wenn dieses Gericht nach einem Hauptgang klingt, wird es in Italien als Pastagericht gegessen.

Risotto mit Artischocken

350 g Risottoreis
12 kleine, zarte Artischocken
40 g Butter
350 g Reis
1/2 Zwiebel
etwas Salz
4 EL geriebener Parmesankäse

Die härteren Außenblätter der Artischocken entfernen, die
Stiele schälen und die Artischocke vierteln. Den inneren Bart,
wenn vorhanden, entfernen. Die Artischockenstücke in ca.
1 1/2 l Wasser mit etwas Salz kochen, bis sie weich geworden
sind. Die Artischocken mit einer flotten Lotte – einem Passier-
gerät – passieren und mit dem Artischockensud vermengen.
Zwiebeln hacken, in Butter braten, den Reis dazugeben und mit
dem Artischockenmus bis zum Ende der Garzeit ziehen lassen.
Das Risotto zum Schluss mit 2 Flocken Butter und dem geriebenem Parmesankäse vermischen.

Claudio Bertozzi

Fisch
macht leicht

Register

Pastagerichte

Cannelloni ... S. 26, S. 72 ff.
  mit Hackfleisch ... S. 76-77
  mit Ricotta ... S. 72-73
  mit Spinat ... S. 74-75
Crespelle ... S. 84 ff.
  mit Ricotta ... S. 86-87
  mit Spargel ... S. 88-89
Farfalle ... S. 132-133
  mit getr. Steinpilzen ... S. 132-133
Fazoletti ... S. 90-91
  della Nonna ... S. 90-91
Garganelli ... S. 26, S. 64 ff.
  al Canario ... S. 66-67
  mit Salsicciasauce ... S. 64-65
Lasagne ... S. 27, S. 92 ff.
  Bolognese ... S. 92-93
  al Pesto ... S. 94-95
Linguine ... S. 134-135
  mit Mortadellasauce ... S. 134-135
Maccheroni ... S. 114 ff.
  pasticciati ... S. 114-115
  mit Spinat ... S. 116-117
Orecchiette ... S. 118-119
  mit Brokkoli ... S. 118-119
Papardelle ... S. 26, S. 68-69
  alla Lepre ... S. 68-69
Penne ... S. 120 ff.
  all Arrabiata ... S. 120-121
  mit Auberginen ... S. 122-123
Rigatoni ... S. 124-125
  mit Blumenkohl ... S. 124-125
Rotoli ... S. 82-83
  in Bechamelsauce ... S. 82-83
Spaghetti ... S. 34 ff.
  Aglio-Olio-Acciughe ... S. 40-41
  Amatricianasauce ... S. 44-45
  alla Buggera ... S. 50-51
  alla Carbonara ... S. 58-59, S. 62-63
  alla Carbonara mit Sepia ... S. 60-61
  alla Checca ... S. 38-39
  alla Chittarra ... S. 42-43
  alla Puttanesca alla Claudio ... S. 54-55
  mit Miesmuscheln ... S. 52-53
  mit Rucola ... S. 36-37
  mit Thunfisch ... S. 34-35
  mit getr. Tomaten ... S. 48-49
  mit Zucchini ... S. 56-57
Stroh und Heu ... S. 70-71
  mit Tomatensauce ... S. 70-71
Strozzapreti ... S. 136-137
Tagliatelle ... S. 96 ff.
  mit Entensauce ... S. 106-107
  mit Erbsen ... S. 104-105
  mit Hummer ... S. 96-97
  mit Hühnerherzensauce ... S. 98-99
  mit Kaninchenleber ... S. 100-101
  mit Karotten ... S. 112-113
  mit Krabbensauce ... S. 102-103
  mit Spargelsauce ... S. 108-109
  mit Spinatsauce ... S. 110-111
Taglierini ... S. 126 ff.
  mit Butter & Parmaschinken ... S. 126-127
  mit Gemüsesauce ... S. 128-129
  mit Trüffeln ... S. 130-131
Tortelli ... S. 27, S. 78 ff.
  dell' amore ... S. 78-79
  mit Fleischfüllung ... S. 80-81

Primi Piatti

Gnocchi ... S. 142 ff.
  Brennessel-Gnocchi ... S. 148-149
  mit Gorgonzolasauce ... S. 150-151
  Ricotta-Gnocchi ... S. 144-145
  Spinat-Gnocchi ... S. 146-147
Pizzoccheri ... S. 140-141
Risotto ... S. 152 ff.
  mit Artischocken ... S. 158-159
  Butter-Risotto ... S. 152-153
  Butter-Risotto mit Fischsauce ... S. 154-155
  mit Wachteln ... S. 156-157

Saucen

Bechamelsauce ... S. 30-31
Tomatensauce ... S. 32-33
Bolognesesauce ... S. 32-33